LES DOSSIERS HACHETTE

Les plantes et les animaux

cycle 2

FRANÇOISE GUICHARD
PROFESSEUR AGRÉGÉE DE SCIENCES
JACK GUICHARD
PROFESSEUR DES UNIVERSITÉS

Conforme aux progressions du B.O. du 5 janvier 2012

hachette
ÉDUCATION

Crédits photographiques

Rabat avant : *kangourou :* © Jouan / Rius / Jacana / Gamma-Rapho ; *mante religieuse :* © G. Martin / Jacana / Gamma-Rapho ; *colibri :* © Ch.-M. Denis-Huot / Jacana / Gamma-Rapho. **Rabat arrière :** *baobab :* © M. Withers / Corbis ; *fleur :* © D. Deveaux ; *citrouille :* © K. R. Morris / Bohemian Nomad Picturemakers / Corbis. **Intérieur de la couverture. Coquelicot :** *étapes 1, 2 et 3 :* © L. Tangre / Jacana / Gamma-Rapho ; *étape 4 :* © É. Sipp / Jacana / Gamma-Rapho ; *étape 5 :* © Biosphoto / F. Didillon ; *étape 6 :* © Biosphoto / A. Agelet. **Rat des moissons :** *étapes 1, 2 et 3 :* © Biosphoto / J.-L. Klein et M.-L. Hubert. **Du têtard à la grenouille :** *étape 1 :* © C. Thiriet / Jacana / Gamma-Rapho ; *étape 2 :* © Oxford Scientifics / Getty Images ; *étape 3 :* © H. Willcox / Getty Images ; *étape 4 :* © G. Grall / Getty Images ; *étape 5 :* © M. Everton / Getty Images. **P. 5 et P. 6 hg :** © I. Arndt / Jacana / Gamma-Rapho. **P. 6 hd :** © S. Chernin / Getty Images. **P. 6 bg :** © Y. Brioux / Jacana / Gamma-Rapho. **P. 6 bd :** © D. King / Dorling Kindersley / Getty Images. **P. 7 hg :** © R. Newstead / Getty Images. **P. 7 hd :** © P. Menzel / Cosmos. **P. 7 bg :** © M. Berndt / Firstlight / Hoa-Qui / Gamma-Rapho. **P. 7 bd :** © G. Chalmers / Imagestate / Hoa-Qui / Gamma-Rapho. **P. 8 hg :** © Dea Picture Library / De Agostini Picture Library / Getty Images. **P. 8 hd :** © H. Silvester / Rapho / Gamma-Rapho. **P. 8 bg :** © C. Thiriet / Jacana / Gamma-Rapho. **P. 8 bd :** © M. Peres / Hoa-Qui / Gamma-Rapho. **P. 9 h :** © Ch.-M. Denis-Huot / Jacana / Gamma-Rapho. **P. 9 b :** © Biosphoto / P. Sabonnadière. **P. 10 h :** © Biosphoto / P. Danna. **P. 10 m :** © L. Wood / Encyclopedia / Corbis. **P. 10 b :** © H. Champollion / Top / Gamma-Rapho. **P. 11 :** © Claude Monet / RMN (Musée d'Orsay) / H. Lewandowski. **P. 12 hg :** © Biosphoto / A. Williams / Photoshot. **P. 12 md :** © É. Sipp / Jacana / Gamma-Rapho. **P. 12 bg :** © S. Cordier / Jacana / Gamma-Rapho. **P. 13 hg :** © D. M. Jones / Minden Pictures / Getty Images. **P. 13 md :** © Biosphoto / J.-L. Klein / M.-L. Hubert. **P. 13 bg :** © Biosphoto / Juniors Bildarchiv. **P. 14 h :** © Ch.-M. Denis-Huot / Jacana / Gamma-Rapho. **P. 14 b :** © S. Cordier / Jacana / Gamma-Rapho. **P. 15 h et P. 15 b :** © C. Thiriet / Jacana / Gamma-Rapho. **P. 16 hg :** © Biosphoto / H. Verbiesen / Wildlife Pictures. **P. 16 md :** © E. Momatiuk / Getty Images. **P. 16 bg :** © Biosphoto / M. Gunther. **P. 17 :** © T. Davis / Davis Lynn Wildlife / Corbis. **P. 18 et P. 19 :** © J. Guichard. **P. 20 g :** © Biosphoto / D. Bringard. **P. 20 d :** © Biosphoto / Gayo. **P. 21 hg :** © Biosphoto / M. Anker / GAP. **P. 21 md :** © M. B.Withers / Corbis. **P. 21 bg :** © J. Lucking / Getty Images. **P. 22 hg :** © D. Deveaux. **P. 22 md :** © J. Guichard. **P. 22 bg :** © Biosphoto / J.-Ph. Delobelle. **P. 23 :** © Y. Guichaoua / Hoa-Qui / Gamma-Rapho. **P. 25 :** © J. Guichard. **P. 26 hg :** © C. Thiriet / Jacana / Gamma-Rapho. **P. 26 bd :** © P. Lorne / Jacana / Gamma-Rapho. **P. 27 hd :** © Biosphoto / D. Bevan / GAP. **P. 27 bg :** © J.-F. Lanzarone / Hoa-Qui / Gamma-Rapho. **P. 28 hg :** © B. Summers / Hoa-Qui / Gamma-Rapho. **P. 28 md :** © Biosphoto / B. Gibbons / Science Photo Library. **P. 28 bg :** © Biosphoto / J.-L. Klein / M.-L. Hubert. **P. 29 hd :** © Biosphoto / S. Cordier. **P. 29 mg :** © Biosphoto / F. Cahez. **P. 29 bd :** © Biosphoto / F. Gilson. **P. 30 :** © M. Peres / Hoa-Qui / Gamma-Rapho. **P. 31 :** © Y. Guichaoua / Hoa-Qui / Gamma-Rapho. **P. 32 hg :** © Biosphoto / F. Decante. **P. 32 hd :** © C. Thiriet / Jacana / Gamma-Rapho. **P. 32 bg :** © J.-D. Surdes / Top / Gamma-Rapho. **P. 33 hg :** © Biosphoto / O. Digoit. **P. 33 hm :** © Biosphoto / J. Shaw / Photoshot. **P. 33 hd :** ©A. Wolfe / Getty Images. **P. 33 bg :** © M. Baker / Getty Images. **P. 33 bd :** © W. Van Steen / Getty Images. **P. 34 hg :** © C. Thiriet / Jacana / Gamma-Rapho. **P. 34 md :** © Biosphoto / S. Osolinski / OSF. **P. 34 bg :** © Biosphoto / A. et J. Cassaigne. **P. 36 hd :** © A. Fuchs / Explorer / Gamma-Rapho. **P. 36 mg :** © Biosphoto / O. Digoit. **P. 36 bd :** © J. Hunter / Getty Images. **P. 37 :** © R. Krekels / Minden Pictures / Getty Images. **P. 38 hg :** © Biosphoto / Th. Van Baelinghem. **P. 38 hd :** © I. Arndt / Jacana / Gamma-Rapho. **P. 38 bg :** © F. Banfi / Jacana / Gamma-Rapho. **P. 38 bd :** © Biosphoto / F. Desmette. **P. 39 h :** © Biosphoto / G. Fidler / Okapia. **P. 39 b :** *cochon :* © Ph. Royer / Hoa-Qui / Gamma-Rapho ; *goéland et vaches :* © S. Cordier / Jacana / Gamma-Rapho ; *oiseaux guêpiers :* © É. Sipp / Jacana / Gamma-Rapho ; *lions :* © Ch.-M. Denis-Huot / Jacana / Gamma-Rapho. **P. 40 hg :** © S. Cordier / Jacana / Gamma-Rapho. **P. 40 md :** © Biosphoto / J.-L. Klein et M.-L. Hubert. **P. 40 bg :** © Biosphoto / S. Tollari. **P. 41 hg :** © B. Joubert / National Geographic / Getty Images. **P. 41 md :** © Biosphoto / M. Lane. **P. 41 bg :** © R. Calvert / Hoa-Qui / Gamma-Rapho. **P. 42 hg :** © Jouan / Rius / Jacana / Gamma-Rapho. **P. 42 md :** © P. Lorne / Jacana / Gamma-Rapho. **P. 42 bg :** © Biosphoto / E. Balança. **P. 43 :** © Biosphoto / L. Pitkin / Photoshot. **P. 44 h :** © Biosphoto / G. Piton. **P. 44 b :** © Biosphoto / I. Schulz / Imagebroker. **P. 46 h :** © M. Harvey / Corbis. **P. 46 b :** © S. Dalton / Minden Pictures / Getty Images. **P. 47 hg :** © B. Gi / Jacana / Gamma-Rapho. **P. 47 md et bg :** © G. Martin / Jacana / Gamma-Rapho. **P. 48 h :** © J. Warwick / Getty Images. **P. 48 b :** © Ch.-M. Denis-Huot / Jacana / Gamma-Rapho. **P. 49 h :** © J.-P. Deya / Hoa-Qui / Gamma-Rapho. **P. 49 b :** © Art Stone / Getty Images. **P. 50 hg :** © J. Petersburger / National Geographic / Getty Images. **P. 50 hm :** © C. Laubscher / Dorling Kindersley / Getty Images. **P. 50 hd :** © W. Layer / Jacana / Gamma-Rapho. **P. 50 bg :** © Biosphoto / N. Bergkessel / UNEP / Still Pictures. **P. 50 bd :** © Altrendo Nature / Altrendo / Getty Images. **P. 51 :** © Biosphoto / M. Gunther. **P. 54 hg :** © N. Miller / Corbis. **P. 54 hd :** © Biosphoto / M. Andera. **P. 54 bg :** © Biosphoto / L. Marbaix. **P. 55 :** © M.-S. Danegger / Jacana / Gamma-Rapho. **P. 56 hg :** © Biosphoto / N. Wu. **P. 56 md :** © Biosphoto / M. Gunther. **P. 56 bg :** © Biosphoto / X. Eichaker. **P. 57 :** © Biosphoto / Th. Van Baelinghem. **P. 58 h :** © M. Harvey / Corbis. **P. 58 b :** © N. Wu / Getty Images. **P. 59 h :** © S. Grandadam / Hoa-Qui / Gamma-Rapho. **P. 59 b :** © G. Sommer / Jacana / Gamma-Rapho. **P. 60 :** © Biosphoto / D. Bringard. **P. 62 h :** © Biosphoto / J.-C. N'Diaye. **P. 62 m :** © S. Cordier / Jacana / Gamma-Rapho. **P. 62 b :** © Biosphoto / M. Carwardine. **P. 63 :** © P. Lorne / Jacana / Gamma-Rapho.

Responsable de projet : Delphine DEVEAUX
Exécution de la maquette de couverture : TYPO-VIRGULE
Illustration de la couverture : Matthieu ROUSSEL
Création de la maquette intérieure : Laurent CARRÉ
Mise en pages : TYPO-VIRGULE
Illustrations : Gilles POING (plantes, animaux, dessins techniques) ; Grégoire BERQUIN (scène page 61) ; Nathalie DESVERCHÈRE (pictos « Sommaire », « Lexique », cadres des pages « À la loupe… », fonds matière des bandeaux et des « Bloc-notes »)
Recherche iconographique : Fabien ÉLIE et Delphine DEVEAUX
Fabrication : Nicolas SCHOTT

Cet ouvrage est imprimé sur du papier composé de fibres naturelles, renouvelables, recyclables, et fabriqué à partir de bois issu de forêts gérées de façon durable conformément à l'article 206 de la loi n° 2010-788 du 12 juillet 2010.

ISBN : 978-2-01-117919-7

Achevé d'imprimer en Espagne par CAYFOSA
Dèpôt légal: 02/2012 Collection n° 74 Edition n° 01
11/7919/1

Avant-propos

Les **DOSSIERS** Hachette ont pour objectif de faire reposer l'apprentissage sur l'étude de documents variés et leur analyse.

Les élèves du Cycle 2 montrent un grand intérêt pour les animaux et les plantes. Le **DOSSIER** « Les plantes et les animaux » correspond à une partie importante du programme de découverte du monde au Cycle 2 dans le cadre des programmes 2008, du palier 1 du socle commun et des progressions pour l'école primaire parues au BO du 5 janvier 2012. Il permet une découverte du vivant en déclinant ses différentes caractéristiques chez les animaux et les végétaux : la reproduction, la croissance, la nutrition, ainsi que le mode de déplacement pour les animaux. Les deux dernières leçons permettront d'introduire les interactions entre les animaux et avec les milieux naturels, pour une initiation à la protection de l'environnement dans une perspective de développement durable. Cet ouvrage aidera ainsi les élèves de Cycle 2 à prendre conscience des questions scientifiques sur la vie des animaux et des végétaux.

Ce **DOSSIER** est découpé en 9 chapitres. Chacun s'organise en 3 doubles pages qui traitent les grandes thématiques du programme :

– Les deux premières doubles pages abordent chacune une problématique à partir de documents variés : photographies, schémas scientifiques, textes, scènes illustrées… Les élèves observent et répondent à des questions qui accompagnent leur réflexion et les aident à construire leurs connaissances.

– La dernière double page intitulée « *À la loupe…* » élargit le thème et donne des pistes de réflexion. Elle s'achève par un « Bloc-notes » qui fait le point sur les connaissances acquises dans le chapitre.

Après les chapitres 3 et 6, une double page « *À la manière de…* » permet d'aborder deux techniques qui peuvent servir de support à une démarche d'investigation :

– une démarche expérimentale pour la mise en œuvre de plantations ;

– une technique pour un élevage facile à mettre en œuvre en classe : l'élevage des phasmes.

À la fin de l'ouvrage, un lexique explique aux élèves les mots clés écrits en rouge dans les « Bloc-notes ».

Françoise et Jack Guichard

SOMMAIRE

Les plantes

et les animaux

LES DÉPLACEMENTS DES ANIMAUX

LES ANIMAUX ET LES PLANTES DANS LEUR MILIEU

LA PROTECTION DE L'ENVIRONNEMENT

Qu'est-ce qui

Ce n'est pas parce qu'une chose bouge qu'elle est vivante.
Et ce n'est pas parce qu'une chose ne bouge pas qu'elle ne vit pas.

Document 1 : Un volcan.

Document 2 : Dans un aquarium.

Document 3 :
Une plante en pot.

Document 4 : Un chat.

est vivant ?

Document 5 : La Lune.

Document 6 : Un robot.

Document 7 : Des fleurs coupées.

Document 8 : Les nuages.

Observe les Documents 1 à 8.

1. Quelles sont les choses qui bougent ?
2. Quelles sont les choses qui ne bougent pas ?
3. Parmi toutes ces choses, lesquelles ne sont pas vivantes ? Explique pourquoi.
4. Lesquelles sont vivantes ? Explique pourquoi.
5. Et toi, es-tu un être vivant ? Pourquoi ?

Un être vivant naît, grandit et meurt.
Il peut se reproduire et donner naissance à de nouveaux êtres vivants.

Document 1 : Un lézard.

Document 2 : Un oiseau mort.

1. Quel moment de sa vie ce lézard vit-il (Document 1) ? Pourquoi ?

2. À quoi vois-tu que l'oiseau du Document 2 est mort ?

Document 3 : Un jeune chêne.

Document 4 : Un chêne.

3. Quelle est la différence entre le chêne du Document 3 et celui du Document 4 ?

4. Que s'est-il passé entre les deux photographies ?

5. Écris une phrase sur le développement d'un être vivant. Utilise les Documents 1 à 4.

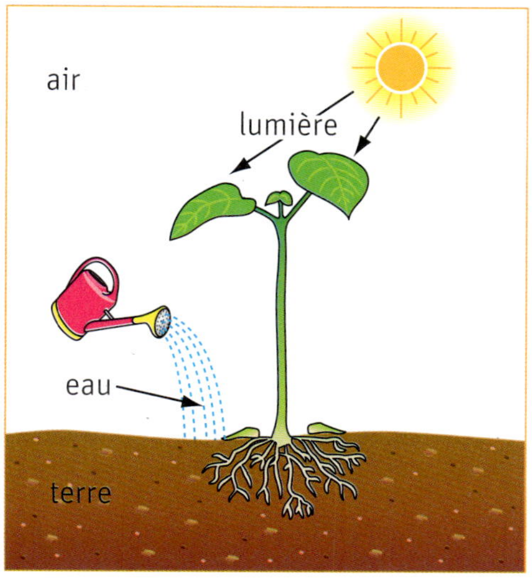

Document 5 : Les conditions de vie de la plante.

6. De quoi la plante a-t-elle besoin pour vivre (Document 5) ?

7. D'après toi, que se passerait-il si la plante n'avait pas tout cela ?

Document 6 : Une famille de lions autour d'une girafe.

8. Que font ces lions (Document 6) ?

9. Est-ce indispensable pour leur survie ? Pourquoi ?

10. L'escargot est-il un être vivant ? et la salade (Document 7) ? Pourquoi ?

11. Explique pourquoi l'escargot a besoin de la salade.

12. À ton avis, tous les êtres vivants ont-ils besoin de se nourrir ? Pourquoi ? Et toi ?

Document 7 : Un escargot sur une feuille de salade.

À la loupe… les êtres

Document 1 : Un hippocampe.

Cet hippocampe ressemble à une plante. Pourtant, c'est un animal qui vit dans la mer. La femelle pond les œufs, puis le mâle s'en occupe : il porte les œufs, puis les bébés sous son ventre.

Document 2 : Une éponge de mer.

Cet être étrange se trouve dans la mer, sur les rochers. C'est un animal : une éponge. Elle mange de tout petits êtres vivants.

Document 3 : *Ours blanc*, sculpture en marbre réalisée en 1928 par François Pompon (1855-1933).

Cet ours blanc est une sculpture ! L'artiste, François Pompon, l'a si bien réalisé que nous avons l'impression qu'il est vivant ! Mais il ne bouge pas, il ne se nourrit pas et il ne peut pas avoir de bébés.

Document 4 : ***Le Bassin aux nymphéas*, tableau peint en 1899 par Claude Monet (1840-1926).**
Les nymphéas sont des plantes qui poussent dans l'eau. Claude Monet les a peintes dans le jardin de sa maison, à Giverny. Les petites touches de couleurs nous donnent l'impression que ce paysage est vivant.

1. Qu'est-ce qui te montre que l'hippocampe est un animal (Document 1) ? et l'éponge (Document 2) ?

2. Comment les artistes donnent-ils l'impression du vivant (Documents 3 et 4) ?

LEXIQUE

Environnement : ensemble des éléments qui sont autour d'un être vivant dans la nature : des animaux, des plantes, le sol et le climat (pluie ou sécheresse, froid ou chaleur, vent…).

Se reproduire : chez les êtres vivants (animaux ou végétaux), donner naissance à un bébé ou à une nouvelle plante.

BLOC-NOTES

Les êtres vivants et les choses

Les animaux et les végétaux (les plantes, les fleurs, les arbres…) **sont des êtres vivants.** Les choses (les cailloux, une rivière…) et les objets (les stylos, les tables…) ne sont pas des êtres vivants.

Tout ce qui bouge n'est pas vivant. La plupart des animaux se déplacent. Mais le volcan ne vit pas, même s'il gronde et s'il tremble.

Beaucoup d'êtres vivants ne bougent pas, comme les végétaux.

La vie d'un être vivant

Tout être vivant naît. Pour survivre, il a besoin de **se nourrir** tout au long de sa vie. Pendant sa jeunesse, **il grandit et se transforme**. Lorsqu'il devient adulte, il peut **se reproduire** et donner naissance à d'autres êtres vivants. Puis il vieillit et arrive à la fin de sa vie : **il meurt**.

Les êtres vivants et leur environnement

Un être vivant ne peut pas vivre seul, sans rien autour de lui. Il a besoin d'avoir d'autres animaux et d'autres végétaux. Il a aussi besoin d'avoir de l'eau. **Tous les êtres vivants dépendent donc les uns des autres et de leur environnement.**

Que se passe-t-il

Chez les animaux (les oiseaux, les mammifères ou les insectes), le mâle et la femelle se rencontrent et se séduisent. Ils se reproduisent : ils ont des petits.

Document 1 : Le paon mâle fait la roue devant la femelle.

1. Quelles sont les différences physiques entre le paon mâle et la femelle (Document 1) ?

2. D'après toi, pourquoi le paon mâle fait-il la roue ?

Document 2 : La huppe mâle et la huppe femelle s'accouplent.

3. Que font ces deux oiseaux (Document 2) ?

4. D'après toi, quel sera le résultat de cet accouplement ?

Document 3 : La mésange bleue dans son nid.

5. Comment la mésange a-t-elle préparé son nid (Document 3) ?

6. Que fait-elle dans le nid ? À quoi cela sert-il ?

avant la naissance ?

Document 4 : Le grand cerf (le mâle) séduit la biche (la femelle).

7. Quelles sont les différences physiques entre le mâle et la femelle chez le cerf (Document 4) ?

Document 5 : Le rat des moissons a préparé son nid. Le mâle y attire la femelle.

8. Observes-tu des différences physiques entre le mâle et la femelle du rat des moissons (Document 5) ? Compare avec les animaux des Documents 1 et 4.

9. D'après toi, à quoi va servir le nid des rats des moissons ?

Document 6 : La brebis est la femelle du mouton. Elle va mettre au monde un agneau.

10. Qu'est-ce qui te montre que la brebis attend un bébé (Document 6) ?

11. Regarde les Documents 1 à 6. Y a-t-il des différences de comportement entre les oiseaux et les mammifères juste avant la naissance des petits ?

Chez les oiseaux, le bébé sort d'un œuf.
Chez les mammifères, le bébé sort directement du ventre de la mère.

Document 1 :
La naissance de l'oisillon de l'autruche.

1. Comment naît l'oisillon ?

2. D'après toi, pourquoi est-il tout mouillé ?

Document 2 :
Un couple de mésanges bleues et ses oisillons.

3. Combien comptes-tu d'oisillons ?

4. D'où sont-ils sortis ?

5. Que signifie l'expression « donner la becquée » ?

6. Les oisillons peuvent-ils se nourrir seuls ? À quoi le vois-tu ?

Document 3 :
L'agneau vient de naître.

7. Comment l'agneau est-il né ?

8. Que fait la maman brebis à la naissance de son agneau ? Pourquoi ?

Document 4 :
L'agneau et sa mère.

9. Pourquoi l'agneau tète-t-il sa mère ?

10. Chez quels animaux le mâle ne joue-t-il aucun rôle après la naissance ? Utilise les Documents 1 à 4.

À la loupe… la reproduction et la naissance

Document 1 : L'accouplement des libellules.

Les libellules s'accouplent en formant un cœur. Grâce à cette rencontre, des œufs vont se former dans le corps de la femelle.

Document 2 : Le girafon.

La girafe est très grande et sa taille rend la naissance du girafon périlleuse ! En effet, lorsqu'il sort du ventre de sa maman, il tombe de près de 2 mètres de haut !

Document 3 : La course vers la mer des petites tortues.

Les tortues de mer femelles pondent leurs œufs dans des trous qu'elles creusent sur la plage. À peine nés, les bébés vont tout droit dans la mer. Mais la route est dangereuse car les oiseaux essaient de les manger.

Document 4 :
Le bébé manchot sur la banquise.
Pour permettre à la maman d'aller se nourrir, le papa manchot s'occupe de l'œuf, puis du bébé qui en sort. Il le tient au chaud sur ses pattes, sous son ventre, pour le protéger du froid et de la glace.

1. Que font les libellules (Document 1) ? Pourquoi ?

2. Explique pourquoi le trajet des bébés tortues jusqu'à la mer est dangereux (Document 3).

3. En quoi le rôle du papa manchot est-il important pour la survie de son bébé (Document 4) ?

4. Parmi tous ces animaux (Documents 1 à 4), lequel est un mammifère ? Pourquoi ?

LEXIQUE

Accouplement : rencontre des corps du mâle et de la femelle pour faire des bébés.

Éclosion : sortie de l'œuf.

Gestation : période pendant laquelle le bébé mammifère se développe dans le ventre de sa mère.

Mammifère : animal dont le petit est allaité par sa mère.

BLOC-NOTES

Avant la naissance

Pour que les animaux se reproduisent, il faut deux parents de sexes différents : **un mâle et une femelle.** Le mâle séduit la femelle, souvent par son allure ou par une parade, puis c'est l'**accouplement**.

Certains animaux construisent un nid ou aménagent un endroit pour la naissance des bébés.

Ovipare ou vivipare ?

Beaucoup d'animaux, comme les oiseaux, les poissons ou les insectes, **pondent des œufs. Les bébés se développent dans l'œuf jusqu'à l'éclosion** : ce sont des animaux **ovipares.**

D'autres bébés animaux **se développent dans le ventre de leur mère**, comme les **mammifères** : ce sont des animaux **vivipares**. Cette période s'appelle la **gestation**.

Après la naissance

Après la naissance, **les bébés ne peuvent pas survivre seuls**. Ils ont besoin de leur mère, et parfois aussi de leur père. Les parents les protègent et les nourrissent : **les oiseaux donnent la becquée à leurs oisillons** et **les bébés mammifères tètent leur mère pour son lait.**

Les petits grandissent. Ils deviendront **adultes** quand ils seront prêts à vivre seuls et qu'ils pourront à leur tour faire des bébés.

Comment une graine

Les plantes produisent des graines. Avec de l'eau et de la chaleur, une graine germe pour donner naissance à une nouvelle plante.

Étape 1 : Une graine de radis.

Étape 2 : Le lendemain, avec de l'eau.

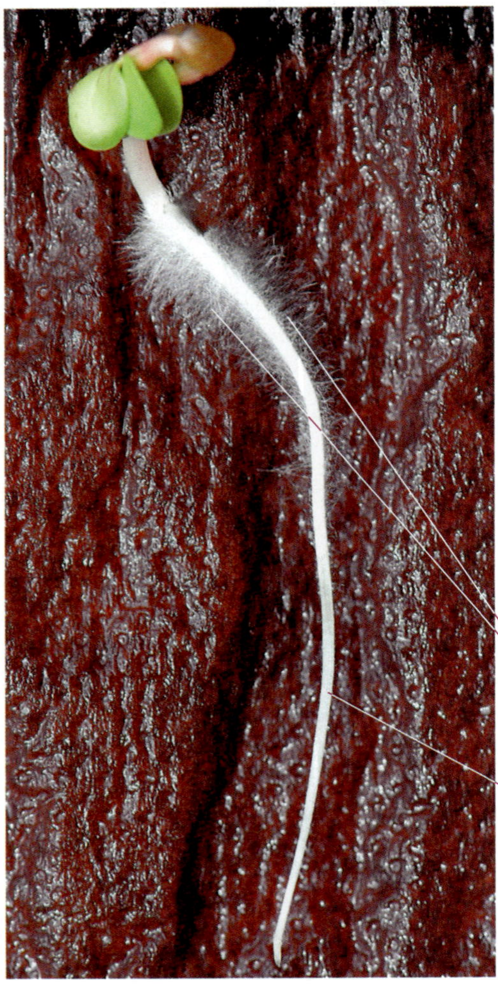

Étape 3 : Le troisième jour.

germe-t-elle ?

Étape 4 : Le quatrième jour.

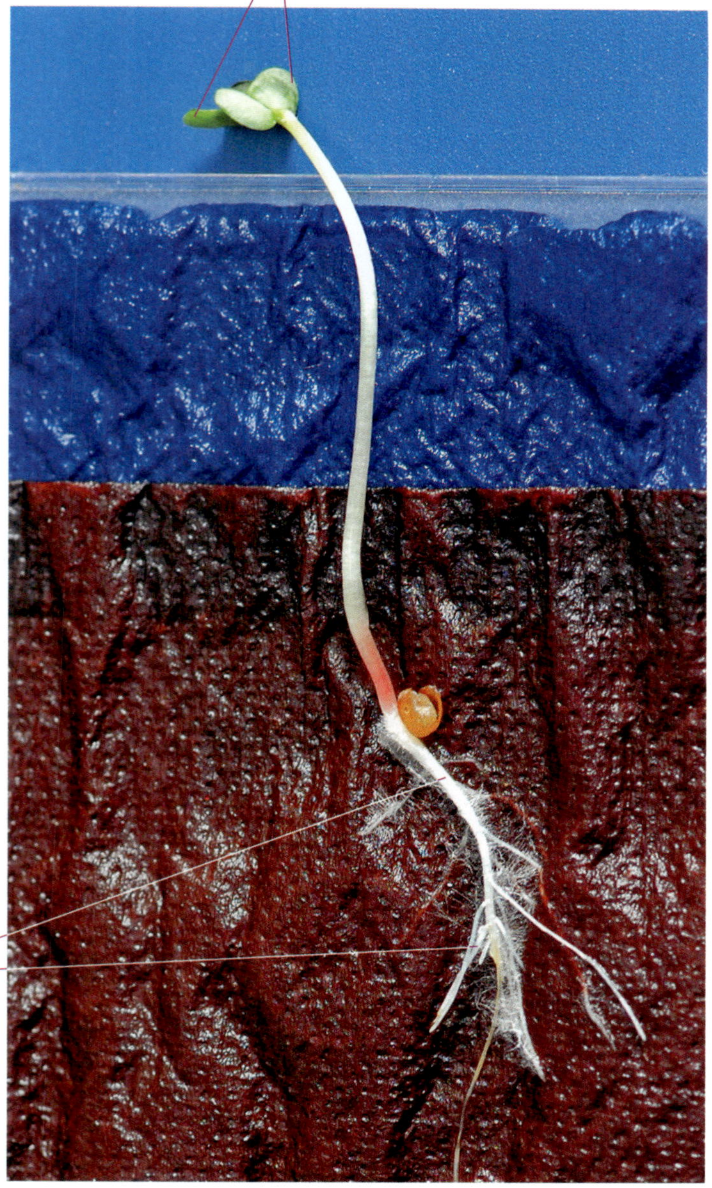

Étape 5 : Le septième jour.

1. Décris la graine à l'Étape 1.

2. Qu'est-ce qui sort en premier de la graine ?

3. Que fait la racine (Étapes 2 et 3) ?

4. Qu'est-ce qui pousse vers le haut (Étapes 4 et 5) ?

5. Quelles sont les étapes de la germination d'une graine (Étapes 1 à 5) ?

Que devient la plante

Une plante naît, grandit, fleurit, puis meurt.

Étape 1

Étape 2

1. Qu'est-ce qui sort du marron (Étapes 1 et 2) ?

après la germination ?

Étape 3

Étape 4

Étape 5

2. Quelles sont les différentes parties de l'arbre (Étape 3) ?

3. Quelles parties restent visibles sur l'arbre mort (Étape 5) ?

4. Décris les étapes de la vie du marronnier (Étapes 1 à 5).

À la loupe... la croissance

Document 1 : Des nénuphars.

Le nénuphar est une plante qui pousse dans l'eau. Ses racines sont dans la terre au fond de l'eau. Ses feuilles s'étalent à la surface. Ses fleurs s'ouvrent au-dessus de l'eau.

Document 2 : Une pomme de terre germée.

Cette pomme de terre oubliée dans le placard a germé.
Ce n'est pas une graine : c'est un tubercule.
Si l'on met le tubercule dans la terre, des racines et des tiges vont pousser.
Une nouvelle plante va naître.

Document 3 : L'arbre le plus vieux.

L'arbre le plus vieux du monde est un pin de Bristlecone : il a presque 5 000 ans ! On le trouve dans le Sud-Ouest des États-Unis.

Document 4 : Le bambou, champion de la croissance.
Les bambous poussent très vite.
Certains grandissent de 1 mètre en une journée !
Ils peuvent atteindre jusqu'à 40 mètres de haut !

1. Où poussent les nénuphars (Document 1) ?

2. Que se passe-t-il si on plante un tubercule de pomme de terre dans la terre (Document 2) ?

3. Jusqu'à quel âge certains arbres peuvent-ils vivre (Document 3) ?

4. Quelle plante a le record de vitesse de croissance (Document 4) ?

LEXIQUE

Germer : une graine germe lorsqu'une petite plante en sort.
Semer : mettre des graines sur un support (coton…) ou dans la terre pour qu'elles germent.

BLOC-NOTES

La germination des graines

Pour obtenir une plante, tu peux **semer** une graine dans la terre et l'arroser. La graine **germe** : **une racine et une tige commencent à pousser**. Puis la tige sort de la terre et **une nouvelle plante apparaît.**

La croissance de la plante

La plante grandit en permanence **quand elle a de l'eau, de la lumière et de la chaleur.**

Des **racines** se développent dans la terre. Une **tige** pousse. Elle porte des **feuilles.** Elle forme plusieurs **rameaux** qui se développent sur les côtés. Les rameaux poussent en longueur et grossissent. D'autres tiges poussent et la plante grandit…

La croissance de l'arbre

L'arbre est une plante qui grandit pendant de très nombreuses années. Sa tige grossit et forme un **tronc.** Il porte des **branches.** Chaque année, de nouveaux rameaux poussent sur les branches. Ainsi, l'arbre devient **de plus en plus haut et de plus en plus large.** Il fleurit chaque année.

Il peut vivre très longtemps, parfois des centaines d'années, jusqu'à sa mort.

À la manière de...

JE RÉALISE UN BONHOMME CHEVELU

Je sais que les graines ont besoin d'eau et de chaleur pour germer et commencer à pousser. Je vais utiliser mes connaissances pour réaliser un bonhomme chevelu très rigolo !

Matériel

- des graines de gazon, de lentilles et/ou de cresson
- un vieux collant
- un pot de yaourt vide
- du terreau ou de la litière pour rongeurs
- du papier de couleur, des boutons, des brins de laine...

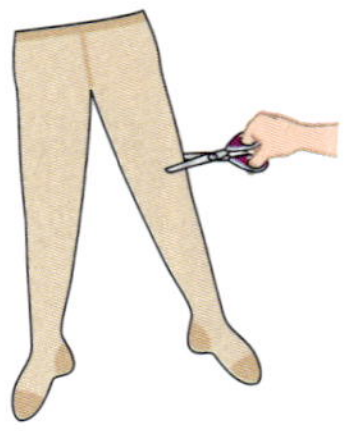

1. Coupe le bas d'un collant.

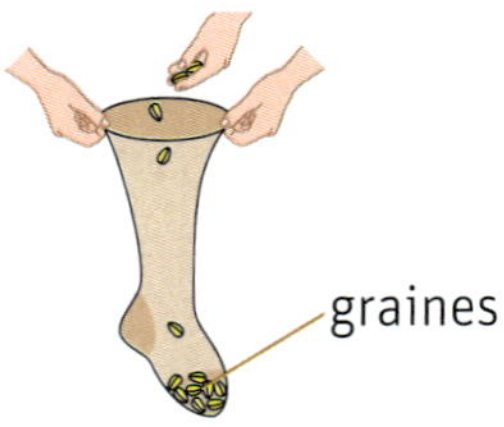

2. Verse une petite couche de graines au fond du collant.

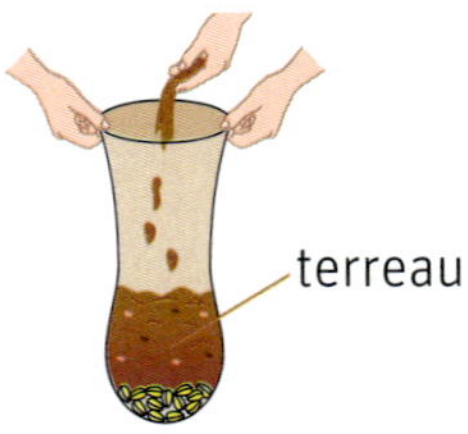

3. Recouvre les graines avec 2 ou 3 poignées de terreau ou de litière.

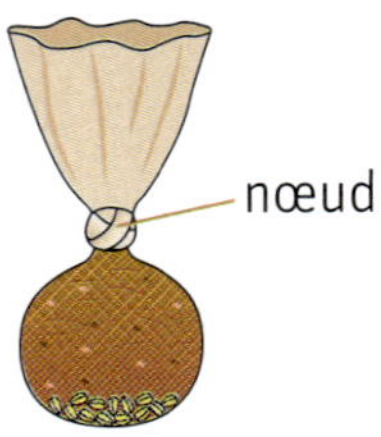

4. Ferme le collant en faisant un nœud.

5. Modèle la tête du bonhomme avec tes doigts en lui faisant un nez et des oreilles.
   Décore la tête du bonhomme : tu peux utiliser des boutons pour les yeux, un brin de laine ou de feutrine pour la bouche...

6. Laisse tremper la tête une nuit dans l'eau. Les graines vont gonfler et germeront plus facilement.

7. Prépare le pot de yaourt : il sera le corps de ton bonhomme. Tu peux le décorer avec du papier de couleur, pour l'habiller !

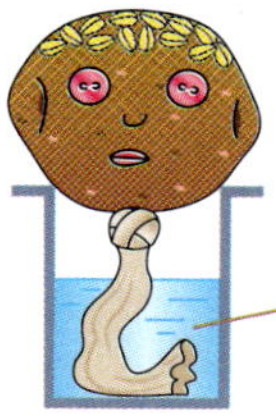

8. Remplis le pot de yaourt avec de l'eau. Pose la tête du bonhomme dessus, en faisant tremper le bout du collant dans l'eau.
Attends quelques jours...

Début de l'expérience.

Fin de l'expérience (6 jours plus tard).

Le bonhomme rose a les cheveux en cresson alénois. Il a poussé dans l'obscurité.
Le bonhomme vert a les cheveux en gazon. Il a poussé à la lumière.

JE RACONTE MON EXPÉRIENCE

- Tes camarades et toi, choisissez des graines pour vos bonshommes : utilisez des graines de gazon, des graines de lentilles, des graines de cresson alénois...
Vous obtiendrez ainsi des chevelures différentes !
- Raconte ton expérience : comment les « cheveux » ont poussé, à quelle vitesse...
Dessine les résultats.

D'où viennent

**Les fruits proviennent des fleurs.
Ils contiennent une ou plusieurs graines.**

Document 1 :
Le rameau de cerisier en fleur.

Document 2 :
Les fleurs de cerisier se fanent.

Document 3 :
Le fruit se forme : la cerise.

1. Que devient la fleur du cerisier ?

2. Comment la cerise se forme-t-elle ?

3. Décris chaque étape (Documents 1 à 4) en utilisant les mots : cerisier, fleur, fruit.

4. Que trouve-t-on à l'intérieur de la cerise ?

5. Imagine que la cerise tombe sur le sol. Raconte ce qu'il peut se passer.

Document 4 :
La cerise rougit.

Comment la graine

Les fruits contiennent des graines qui tombent sur la terre. Elles peuvent germer. Certaines graines sont transportées par le vent, d'autres par les animaux ou les hommes.

Document 1 : Les fruits de pissenlit.
Ils sont dispersés par le vent.
Ils contiennent chacun une graine.

1. Explique pourquoi on trouve des pissenlits dans tous les champs (Document 1).

Document 2 : Les fruits d'érable.
Ils sont en forme d'ailettes d'hélicoptère.
Ils sont facilement transportés par le vent.
Chaque ailette contient une graine.

2. Qu'est-ce qui permet à la graine de pissenlit et à la graine d'érable d'aller pousser loin de leur plante d'origine (Documents 1 et 2) ?

Document 3 : La noix de coco.
La noix de coco est une graine.
Elle peut flotter.

3. Comment la graine de cocotier peut-elle aller pousser sur une autre île (Document 3) ?

Document 4 : Le cheval transporte des fruits.
Le cheval s'est frotté à une plante, l'aigremoine, et les fruits se sont accrochés à ses poils. Les graines vont ainsi être transportées plus loin.

Document 5 : La grive et le gui.
Quand la grive mange les fruits du gui, les graines se collent à son bec. L'oiseau va ainsi transporter ces graines jusqu'à un autre arbre, sur lequel elles pourront germer.

Document 6 :
Les crottes du renard.
Le renard a mangé des merises. Les graines se retrouvent dans ses excréments. Elles pourront germer et donner de nouveaux petits arbres.

4. Toutes les graines poussent-elles au pied de leur plante d'origine ? Pourquoi ?

5. De quelles manières les animaux ou les hommes peuvent-ils transporter les graines (Documents 4 à 6) ?

À la loupe... les graines

Document 1 : Semer et récolter en fonction des saisons.

En France, de nombreuses plantes sont semées et poussent au printemps.
Il fait plus chaud au printemps qu'en hiver et la pluie apporte l'eau indispensable pour que la graine germe et que la plante grandisse. À la fin du printemps et en été, la plante fleurit. Elle donne ensuite des fruits.

Fruit	Période de cueillette en France
	avril – mai – juin
	mai – juin
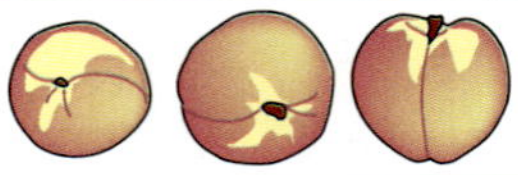	juin – juillet – août
	juin – juillet – août
	juin – juillet – août – septembre – octobre
	septembre – octobre
	avril – mai – juin – juillet – août

Document 2 : Indispensables abeilles !

En butinant, les abeilles se couvrent de pollen. Elles le transportent de fleur en fleur. Grâce aux abeilles, certaines plantes peuvent ensuite donner des fruits.

Document 3 : La tomate est un fruit !
La tomate se forme à partir d'une fleur : c'est donc un fruit !

1. Quand peut-on manger des cerises ? des abricots (Document 1) ?

2. Quels fruits mûrissent en septembre ?

3. Pourquoi les abeilles sont-elles indispensables pour certaines plantes (Document 2) ?

4. Pourquoi la tomate est-elle un fruit (Document 3) ?

LEXIQUE

Fleurir : la fleur qui s'ouvre.
Fruit : issu de la fleur, il contient des graines.

BLOC-NOTES

De la fleur au fruit

La plupart des plantes fleurissent. Lorsque la fleur se fane, elle peut se transformer peu à peu en **fruit**.

Les fruits contiennent les graines qui pourront germer pour former une nouvelle plante : le noyau de la cerise, les pépins de la pomme ou du melon…

Nous récoltons parfois les graines des plantes pour les semer dans nos jardins ou dans les champs. Tous les fruits ne poussent pas à la même période de l'année. Il y a des **saisons** pour les récolter.

La dispersion des graines

Pour germer et donner une nouvelle plante, les graines doivent tomber à terre. Beaucoup de graines tombent au pied de leur plante d'origine et y germent.

Certaines graines **sont transportées** loin de leur plante d'origine **par le vent**, d'autres **par l'eau**, d'autres encore **par les animaux ou les hommes**. Ainsi, les animaux peuvent faire voyager des graines accrochées à leur fourrure. Ils peuvent aussi manger un fruit contenant des graines et rejeter ces graines plus loin, dans leurs excréments !

Que se passe-t-il de la

Après leur naissance, les animaux grandissent et se transforment pour devenir adultes.

Document 1 : Un veau.

1. À quel moment de sa vie ce veau est-il (Document 1) ? Comment le sais-tu ?

Document 2 : Un veau.

2. À quoi vois-tu que ce veau est plus âgé que celui du Document 1 (Document 2) ?

Document 3 : Un bœuf.

3. Quelles sont les différences entre le veau du Document 2 et le bœuf du Document 3 ?

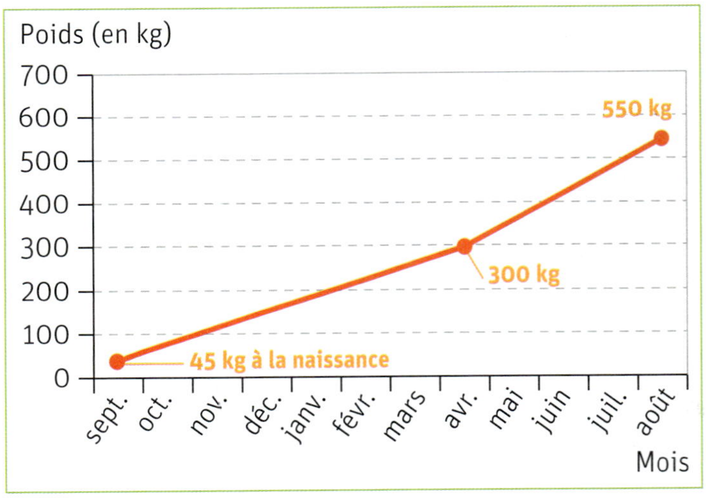

Document 4 : La croissance du veau en poids.

4. Combien le veau pèse-t-il à la naissance (Document 4) ? et 12 mois plus tard ?

5. De combien de kilogrammes le veau a-t-il grossi en 12 mois ?

naissance à l'âge adulte ?

Document 5 : La chenille du monarque.
Après être sortie de l'œuf, la chenille mange des herbes et des feuilles et grandit pendant deux semaines (A).

Document 6 : La métamorphose de la chenille du monarque.
Lorsque la chenille a grandi, elle forme une chrysalide (B).
Elle y reste deux semaines. Elle s'y métamorphose en papillon (C).

6. Que fait la chenille du Document 5 ?

7. Que fait la chenille quand elle a fini de grandir (Document 6) ?

8. Décris la métamorphose de la chenille jusqu'à l'âge adulte (Documents 5 à 7).

9. La chenille se déplace-t-elle comme le papillon ? Décris leurs différences physiques.

Document 7 : Le papillon adulte est sorti de sa chrysalide.

Que se passe-t-il de l'âge

Une fois arrivés à l'âge adulte, les animaux peuvent à leur tour se reproduire et avoir des petits. La durée de vie des animaux jusqu'à la mort n'est pas la même pour tous.

Document 1 :
La coccinelle mâle et la coccinelle femelle.

1. Que font ces deux coccinelles (Document 1) ?

2. Quel sera le résultat ?

Document 2 :
La maman chimpanzé et son petit.

3. Que fait la maman chimpanzé (Document 2) ?

4. Son petit est-il attentif ? Pourquoi ?

Document 3 : La chatte et son petit.

5. Que fait la chatte (Document 3) ? D'après toi, pourquoi ?

6. Comment fait-elle ?

7. Quel est le rôle des adultes par rapport à leurs petits (Documents 2 et 3) ?

adulte jusqu'à la mort ?

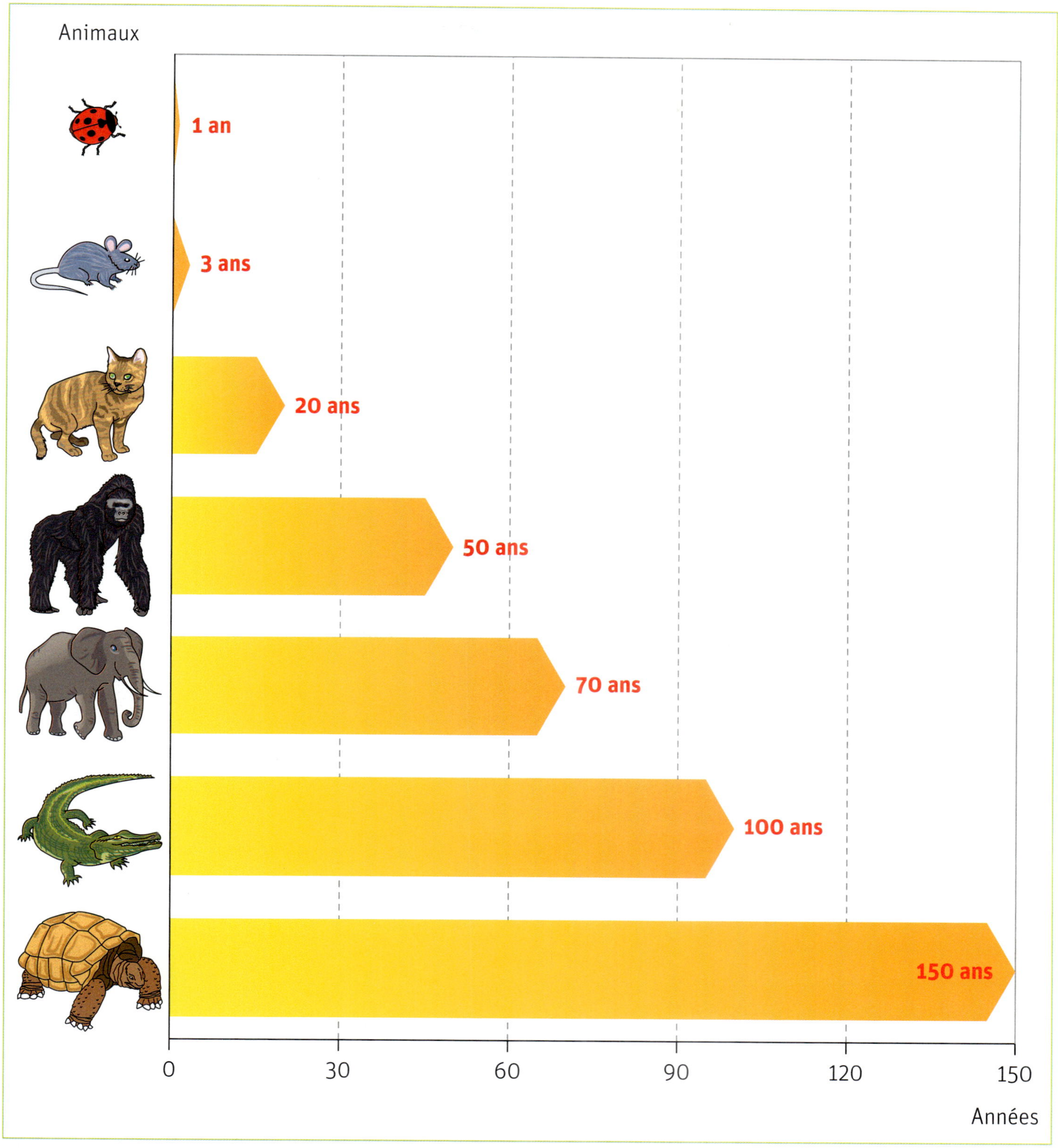

Document 4 : Les durées de vie des animaux.

8. Lequel de ces animaux vit le moins longtemps ? le plus longtemps ?

9. Que se passe-t-il quand un animal arrive à la fin de sa vie ?

À la loupe... la croissance et la vie

Document 1 : Les animaux les plus âgés.

Le bénitier géant est un coquillage. Il grandit toute sa vie. Il se reproduit tous les ans. Il peut vivre 200 ans et peser jusqu'à 250 kg !

Document 2 : L'éphémère.

L'éphémère est un insecte. Sa vie d'adulte ne dure qu'une journée, le temps de se reproduire.

Document 3 : Les animaux les plus grands.

La baleine bleue est le plus grand animal vivant. Elle peut mesurer 30 mètres de long et peser 120 tonnes. Le jour de sa naissance, son baleineau mesure 7 mètres de long et pèse 3 tonnes !

Document 4 : Le têtard.
Le bébé grenouille est très différent de l'adulte. Il n'a pas de pattes. Il ne vit que dans l'eau. C'est un têtard. Pour devenir adulte, il se transforme : il se métamorphose.

1. Qu'est-ce qui te permet de voir que le bénitier est « géant » (Document 1) ?

2. Jusqu'à quel âge un bénitier géant peut-il vivre ?

3. Pourquoi appelle-t-on l'insecte du Document 2 « l'éphémère » ? Que fait cet insecte pendant sa vie ?

4. Combien un baleineau pèse-t-il à sa naissance (Document 3) ?

5. Quelles sont les différences entre le bébé et l'adulte du Document 4 ?

LEXIQUE

Métamorphose : chez certains animaux, transformation totale du corps pour passer à l'âge adulte.

BLOC-NOTES

La croissance des animaux

Après la naissance, **tous les animaux grandissent** : leur **taille** augmente rapidement et ils prennent du **poids**. Ils changent jusqu'à l'âge adulte.

Certains animaux, comme les papillons, se transforment complètement pour devenir adultes : c'est la **métamorphose**.

L'âge adulte

Lorsqu'ils sont adultes, les animaux cessent de grandir. Ils peuvent se reproduire et avoir des petits.

Les mammifères et les oiseaux **s'occupent de leurs petits** : les parents les protègent. Ils leur apportent de la nourriture : par exemple, les oiseaux nourrissent leurs petits en leur donnant la becquée. Ils leur apprennent à vivre comme eux : ils leur montrent comment trouver à manger, comment se cacher, chasser ou pêcher.

Des durées de vie très différentes jusqu'à la mort

Quand les animaux sont âgés, leur corps devient moins fort et moins résistant, puis ils meurent.

Certains animaux, comme l'éphémère, ont une durée de vie très courte. Ainsi, les insectes meurent souvent après avoir pondu leurs œufs. D'autres animaux peuvent vivre très longtemps, comme l'éléphant ou la baleine.

Que mangent

**Pour vivre, tous les animaux doivent boire et manger.
Mais ils ne mangent pas tous la même chose : certains sont végétariens, d'autres carnivores ou omnivores.**

Document 1 : Le criquet.

Document 2 : La marmotte.

1. Que font les animaux des Documents 1 et 2 ?

2. Comment appelle-t-on les animaux qui mangent des plantes ? Essaie d'en citer deux ou trois autres.

Document 3 : Le requin-baleine mange des poissons.

Document 4 : La buse mange un lapin.

3. Parmi les animaux de cette page, lesquels sont des animaux carnivores ? Pourquoi ? Essaie d'en citer deux ou trois autres.

4. Tous les carnivores mangent-ils la même chose ? Explique ta réponse (Documents 3 et 4).

les animaux ?

Document 5 : La musaraigne.

Document 6 : Le renard est omnivore.

5. Que mange la musaraigne (Document 5) ?

6. Est-elle un animal carnivore ou végétarien ?

7. Que mange le renard en été (Document 6) ?

8. Est-il un carnivore ? un végétarien ? Pourquoi ?

9. Qu'est-ce qu'un animal omnivore ?

le cochon

les guêpiers

le goéland

les lions

les vaches

Document 7 : Les régimes alimentaires des animaux.

10. Trouve le régime alimentaire de chaque animal. Aide-toi des familles d'aliments.

Comment un animal

**Certains animaux chassent ou pêchent.
D'autres mangent des feuilles ou cueillent des fruits.**

Document 1 : Le caméléon.

1. De quoi le caméléon se nourrit-il (Document 1) ?

2. Comment attrape-t-il sa nourriture ?

Document 2 : Les loups chassent en meute pour attraper leur proie.

3. Que signifie l'expression « chasser en meute » (Document 2) ?

4. D'après toi, quels sont les avantages de cette chasse ?

5. Connais-tu d'autres animaux qui chassent en groupe ? Lesquels ?

Document 3 : Le papillon moro-sphinx.

6. Que fait ce papillon (Document 3) ?

7. Comment fait-il pour atteindre le nectar à l'intérieur des fleurs ?

Document 4 : Le singe vervet.

8. Que mange ce singe (Document 4) ?

9. Comment se procure-t-il sa nourriture ?

Document 5 : L'huîtrier-pie.

10. Avec quelle partie de son corps l'huîtrier-pie cherche-t-il sa nourriture (Document 5) ?

11. D'après toi, que va-t-il trouver dans le sable ?

Document 6 : L'ours brun d'Alaska.

12. Que fait cet ours (Document 6) ?

13. Comment s'y prend-il pour attraper sa nourriture ?

14. Explique comment les carnivores trouvent leur nourriture. Donne des exemples.

15. À ton avis, que peut-il se passer pour le végétarien lorsqu'il y a une sécheresse ?

À la loupe... la nourriture

Document 1 : Une nourriture peu variée !

Sais-tu que le koala ne boit jamais ? « Koala » signifie « sans boire » dans la langue des aborigènes d'Australie. Ce petit mammifère ne mange que des feuilles d'eucalyptus (1 kg par jour) dans lesquelles il trouve l'eau dont il a besoin.

Document 2 : La toile d'araignée.

Pour piéger ses proies, l'araignée fabrique des fils de soie. Elle les tisse en formant une toile. Les insectes viennent s'y coller et restent prisonniers. Elle vient alors tranquillement les manger.

Document 3 : L'écureuil fait des réserves.

Pendant l'été, l'écureuil fait des provisions de noisettes, de noix et de graines. Il les cache dans les trous des arbres ou dans la terre. Il peut les retrouver en hiver pour se nourrir. Mais il est un peu étourdi et oublie parfois certaines de ses cachettes !

Document 4 : La baudroie.
La baudroie est un poisson de mer. Elle se cache dans le sable, dont elle a l'aspect et la couleur. Elle attrape les poissons qui s'approchent.

1. Que mange le koala (Document 1) ?

2. Comment l'araignée capture-t-elle ses proies (Document 2) ?

3. Que fait l'écureuil des noisettes qu'il ramasse pendant l'été (Document 3) ?

4. Comment la baudroie attrape-t-elle ses proies (Document 4) ?

LEXIQUE

Carnivore : animal qui mange de la viande. Parmi les carnivores, les insectivores mangent des insectes et les piscivores mangent des poissons.

Omnivore : animal qui mange à la fois de la viande et des plantes.

Prédateur : animal qui chasse pour manger d'autres animaux.

Proie : animal chassé et mangé par un autre.

Végétarien : animal qui mange des plantes (herbes, feuilles, fruits, racines, algues…).

BLOC-NOTES

À chaque animal sa nourriture

Presque tous les animaux doivent **boire et manger pour vivre**. Mais tous les animaux ne mangent pas la même chose.

– Les **végétariens** mangent des plantes : de l'herbe, des feuilles, des fleurs, des fruits, des racines. C'est le cas de la marmotte, du koala, du criquet…

– Les **carnivores** mangent de la viande : des mammifères, des insectes, des poissons, des oiseaux, des reptiles… C'est le cas de l'aigle, du requin, du caméléon…

– Les **omnivores** mangent de tout : de la viande et des plantes, souvent en fonction de la saison. C'est le cas du renard, du cochon et même de l'homme !

À chacun sa technique pour chercher la nourriture

Tous les animaux ne se procurent pas leur nourriture de la même manière.

Les carnivores **chassent** pour attraper leurs **proies** : ce sont des **prédateurs**. Certains se **cachent**, comme le poisson baudroie, d'autres **courent**, comme le loup ou le lion, d'autres **volent** et **plongent**, comme les oiseaux…

Les végétariens ont, eux aussi, des comportements différents. La vache **broute** l'herbe des prairies, le singe **cueille** les fruits sur les arbres et le papillon utilise sa trompe pour **boire** le nectar des fleurs.

Les phasmes

Les phasmes
sont des insectes.
Ils ont 6 pattes
et leur corps
ressemble
à des brindilles.

Un phasme
morose.

Il existe plusieurs espèces de phasmes, dont certaines vivent en France.
Tu peux facilement élever des phasmes moroses dans la classe car ils mangent du lierre.
Si tu trouves des ronces, tu peux aussi élever des phasmes à tiare.

Choisis l'un de ces phasmes
pour l'élever en classe.
Attention de ne pas les relâcher
dans la nature !

Un phasme
à tiare.

un élevage

Je prépare la cage des phasmes

- Recouvre le fond de l'aquarium avec de la mousse des bois.
- Place des rameaux de lierre dans un pot à confiture rempli à moitié d'eau. Mets de la mousse sur le dessus pour que les phasmes ne se noient pas.
- Place une dizaine de jeunes phasmes dans l'aquarium.
- Referme l'aquarium avec le couvercle grillagé ou le voile.
- Place l'aquarium à la chaleur, près d'un radiateur en hiver.

Matériel

- un aquarium en plastique
- un couvercle fait d'un morceau de voile de rideau fixé avec un grand élastique ou un grillage très fin
- un pot de confiture
- de la mousse des bois
- une petite branche morte
- des rameaux de lierre
- une dizaine de jeunes phasmes moroses (pour les voir grandir)

Je m'occupe des phasmes

- Pulvérise un peu d'eau sur le lierre et la mousse tous les 2 jours.
- Les phasmes mangent du lierre. Tu dois donc changer les rameaux de lierre dès qu'ils se dessèchent : environ une fois par semaine.
- Nettoie l'aquarium une fois par mois.

J'observe les phasmes

- Dessine l'aquarium d'élevage. Indique les légendes : l'aquarium, le couvercle, la mousse, le lierre, les phasmes.
- Dessine un phasme. Observe son nombre de pattes, son corps, sa tête... Mesure-le.
- Fais un nouveau dessin tous les 15 jours et compare-le avec le précédent. Le phasme a-t-il grandi ? De combien de centimètres ?
- Observe ce que mange le phasme. Comment fait-il pour manger ?

Comment les animaux

Tous les animaux ne se déplacent pas de la même façon, selon qu'ils vivent sur terre, dans l'eau ou dans le ciel.

Document 1 : Le serpent.

1. Comment le serpent se déplace-t-il sur le sol (Document 1) ?

Document 2 : Le criquet.

2. Que fait le criquet pour aller de feuille en feuille (Document 2) ?

3. Quelle partie de son corps utilise-t-il ?

se déplacent-ils ?

Document 3 : Le cheval.

4. Comment le cheval se déplace-t-il (Document 3) ?

5. Quelles sont les allures de déplacement du cheval ?

Document 4 : L'albatros.

6. Comment l'albatros se déplace-t-il dans le ciel (Document 4) ?

7. Quelles parties de leur corps les oiseaux utilisent-ils pour se déplacer ?

Document 5 : Le saumon.

8. Quel type d'animal est le saumon (Document 5) ?

9. Comment se déplace-t-il dans l'eau ?

10. Quelles parties de son corps utilise-t-il ?

Pour quelles raisons

Les animaux se déplacent pour trouver leur nourriture, pour échapper à leurs prédateurs ou pour aller dans d'autres régions.

Document 1 : Le guépard et la gazelle.

1. Pourquoi le guépard court-il après la gazelle (Document 1) ?

2. Pourquoi la gazelle court-elle aussi ?

3. D'après toi, qui court le plus vite : le guépard ou la gazelle ?

Document 2 : Les gnous.
Les troupeaux de gnous se déplacent dans la savane à la recherche d'eau et de nourriture.

4. Comment les gnous se déplacent-ils (Document 2) ?

5. Pour quelles raisons se déplacent-ils ?

Document 3 :
Ces oies sont des oiseaux migrateurs.
Elles voyagent en groupe pour aller passer l'hiver en Afrique où elles trouveront de la nourriture.

6. Pourquoi les oies se déplacent-elles (Document 3) ?

Document 4 :
La chouette est de retour au nid.

7. Pourquoi la chouette a-t-elle quitté son nid (Document 4) ?

8. Que fait-elle à son retour au nid ?

9. Observe toutes les photographies (Documents 1 à 4). Pour quelles raisons les animaux se déplacent-ils ?

À la loupe… les déplacements

Document 1 : Le canard sait tout faire !

Le canard est un oiseau. Il nage dans l'eau avec ses pattes palmées. Il marche sur le sol sur ses deux pattes. Il va d'un lieu à un autre en volant avec ses deux ailes.

Document 2 : Super-Écureuil !

Les écureuils volants n'ont pas d'ailes. Ils planent grâce à une membrane suspendue entre leurs pattes.

Document 3 : La démarche du crabe.

Le crabe a une démarche étonnante : il n'avance pas, il marche sur le côté ! Le crabe a 10 pattes, mais il n'en utilise que 8 pour se déplacer. Ses 2 pattes de devant ont de grosses pinces : il les utilise pour manger et se défendre.

Document 4 : Bien accrochée !
L'huître est fixée au rocher. Elle ne se déplace pas pour aller chercher à manger. C'est la nourriture qui vient à elle : les animaux et les algues microscopiques du plancton, transportés par l'eau. L'huître n'a qu'à entrouvrir sa coquille pour se nourrir !

1. Pourquoi peut-on dire du canard qu'« il sait tout faire » (Document 1) ?

2. Comment l'écureuil volant se déplace-t-il d'arbre en arbre (Document 2) ?

3. Que signifie « marcher en crabe » (Document 3) ?

4. Comment l'huître fait-elle pour attraper sa nourriture (Document 4) ?

LEXIQUE

Migration: déplacement en groupe d'une région à une autre.

BLOC-NOTES

Des manières différentes de se déplacer

Les animaux se déplacent de manière différente s'ils vivent **sur terre**, **dans l'eau** ou **en l'air**.

Les animaux qui ont **des pattes** peuvent se déplacer sur le sol. Certains se déplacent **en marchant** ou **en courant** (le cheval, le canard). D'autres, comme le criquet, se déplacent **en sautant**. Quelques-uns utilisent aussi leurs pattes pour nager (la grenouille, le canard).

Les **poissons nagent dans l'eau** par les ondulations de leur corps et se dirigent avec leurs nageoires.

Les **oiseaux** ont **des ailes** pour **voler** dans les airs. Certains ont de grandes ailes pour planer, comme l'albatros. D'autres battent des ailes tout le temps et très vite… Et d'autres, comme l'autruche, ne volent pas !

Des raisons différentes de se déplacer

La plupart des animaux doivent se déplacer :

– **pour trouver leur nourriture** en chassant ou en cueillant ;

– **pour échapper à leurs prédateurs** ;

– **pour** chercher de la nourriture, de l'eau ou se reproduire dans d'autres régions ou d'autres pays : c'est la **migration**.

Certains animaux, comme les huîtres, vivent sans se déplacer : ils n'en ont pas besoin car c'est la nourriture qui vient à eux !

Qui vit dans

Au bord des champs, à la campagne, les haies sont composées de nombreuses plantes différentes. Elles fournissent des abris, des cachettes et de la nourriture aux animaux.

Document 1 : Les êtres vivants de la haie.

1. Quels animaux vivent dans cette haie ?

2. Quelles sont les plantes de la haie (arbres, arbustes, herbes…) ?

la haie ?

3. D'après toi, que cherche l'écureuil dans cette haie ?

4. Pourquoi cette haie favorise-t-elle la présence de tant d'espèces animales ?

Qu'est-ce qu'une

**Les plantes sont mangées par des animaux.
Ces animaux sont mangés à leur tour par d'autres animaux...
Ces relations entre les êtres vivants constituent des chaînes alimentaires.
La disparition d'une espèce peut les déséquilibrer.**

Document 1 : Le mulot mange un marron.

Document 2 : La belette mange le mulot.

1. Qu'est-ce qui est mangé par le mulot ?

2. Qui est mangé par la belette ?

3. Qui va être mangée par la buse ?

4. Parmi ces animaux, lesquels sont des carnivores ?

5. Parmi ces animaux, lequel est végétarien ?

Document 3 : La buse va manger la belette.

chaîne alimentaire ?

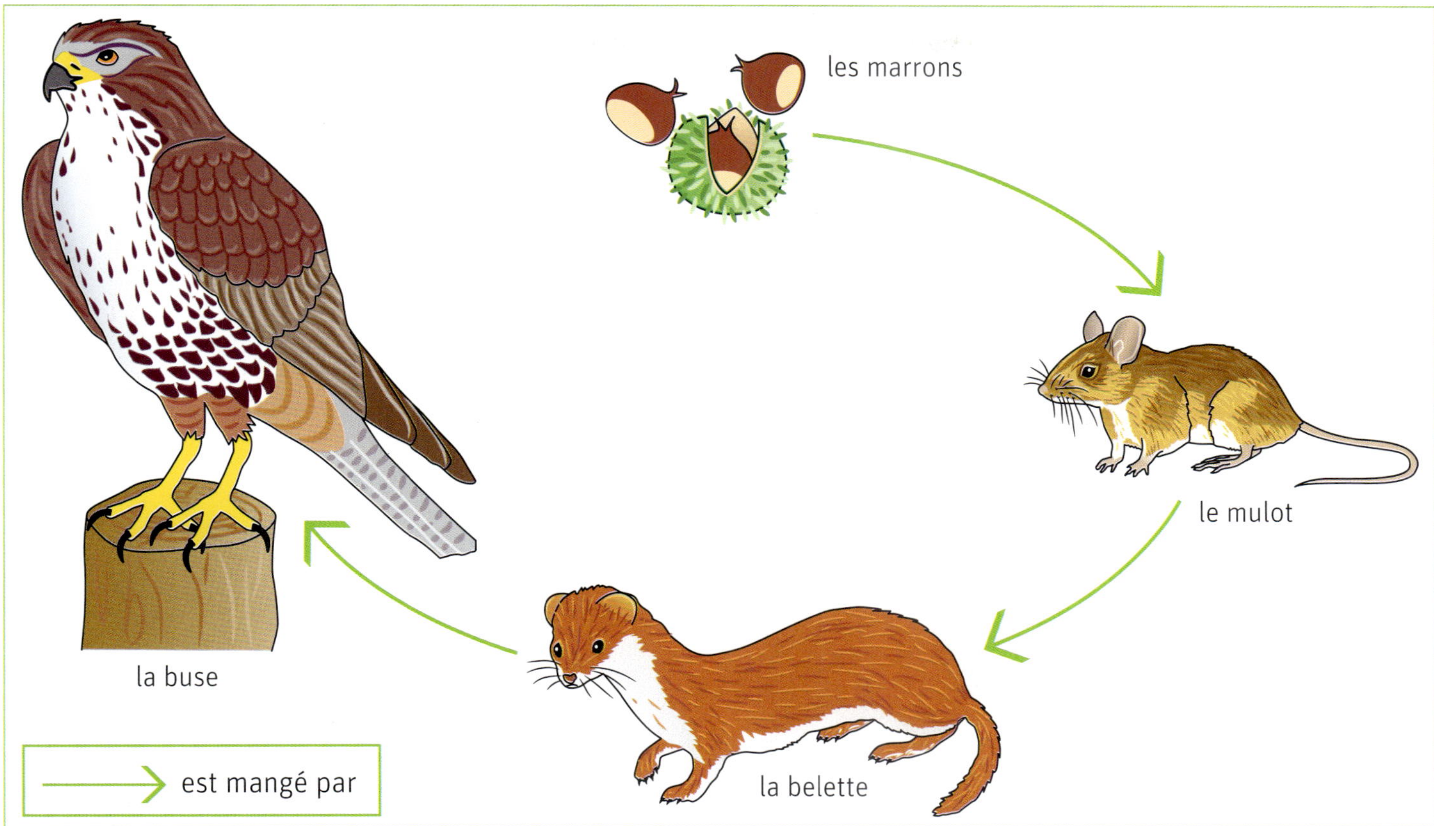

Document 4 :
Une chaîne alimentaire.

6. Que signifient les flèches sur le dessin (Document 4) ?

7. Qui mange qui ?

8. Pourquoi appelle-t-on ce schéma une chaîne alimentaire ?

LA DISPARITION DES HAIES

La belette est un mammifère carnivore qui vit à l'abri de la haie. Elle se nourrit surtout de petits rongeurs, comme les mulots. Si l'homme détruit les haies, la belette ne peut plus se cacher et elle disparaît. Les mulots n'ont alors plus de prédateur : ils se reproduisent rapidement, ils ont beaucoup de petits et leur nombre augmente. Ils s'attaquent alors aux graines des plantes cultivées dans les champs.

Document 5

9. Que devient la belette si les haies sont détruites ?

10. Quelle conséquence la disparition de la belette peut-elle avoir sur les mulots ?

11. Quelle conséquence la disparition des haies peut-elle avoir sur les récoltes ? Pourquoi ?

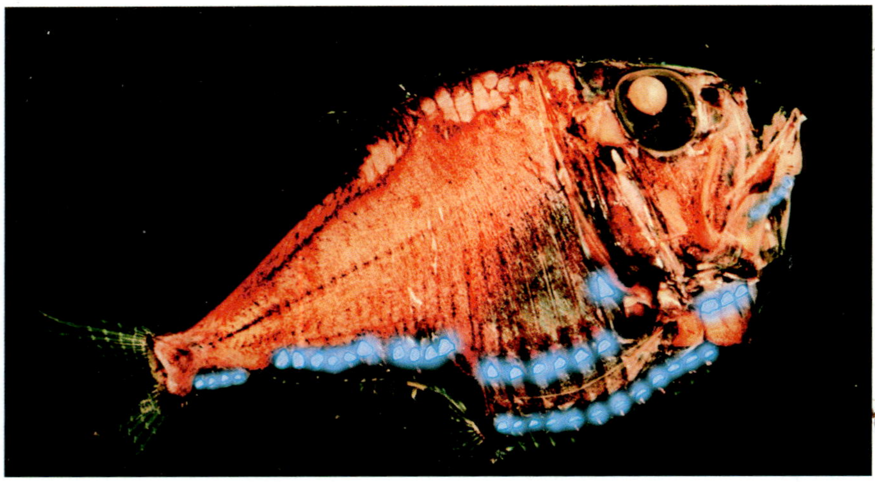

Document 1 : Vivre au fond des océans.

Ce poisson vit dans les océans, à 1 500 mètres de profondeur, dans le noir. Son corps est éclairé par des points fluorescents. Il mange des petits poissons.

Document 2 : Vivre dans le désert.

La gerboise est un petit mammifère qui vit dans les déserts chauds et secs. Elle peut rester plusieurs années sans boire ! Elle sort de son terrier surtout la nuit, pour éviter la chaleur. Elle mange des graines ou des racines dans lesquelles elle trouve l'eau indispensable à sa survie.

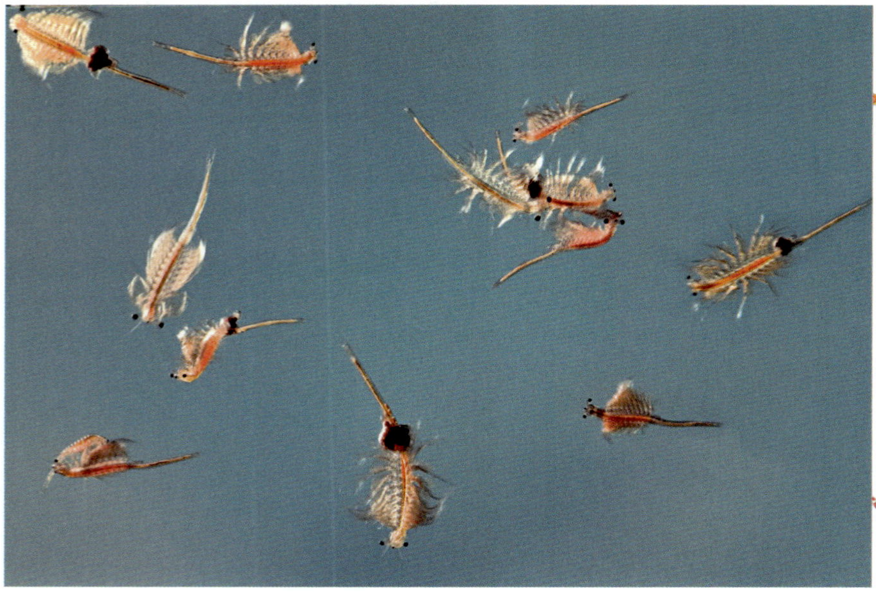

Document 3 : Vivre dans de l'eau très salée.

L'artémie est un petit crustacé que les flamants roses mangent et qui leur donne leur couleur. C'est l'un des seuls animaux capables de vivre dans une eau très salée comme celle des marais salants.

Document 4 : Vivre dans les marais.
La dionée est une plante. Elle vit dans les marais. Lorsqu'une mouche se pose sur une feuille, la feuille se referme. La mouche est alors prisonnière et la dionée la digère lentement. La dionée est une plante carnivore.

1. Quelle est la particularité du poisson du Document 1 ?

2. Où vit la gerboise (Document 2) ? et l'artémie (Document 3) ? Pourquoi peut-on dire que ce sont des milieux difficiles ?

3. D'après toi, les êtres vivants sont-ils nombreux dans les milieux où vivent les animaux des Documents 1 à 3 ? Pourquoi ?

4. La dionée occupe-t-elle la même place que les autres plantes dans la chaîne alimentaire (Document 4) ? Pourquoi ?

LEXIQUE

Biodiversité : variété des êtres vivants : les animaux, les plantes et les champignons. La biodiversité est indispensable au fonctionnement de la nature.

BLOC-NOTES

Les plantes et les animaux dans leur milieu

La **biodiversité** est la variété des êtres vivants qui vivent dans un même endroit. Certains lieux, comme la haie, sont plus riches que d'autres en êtres vivants : on dit que leur biodiversité est plus grande.

Les chaînes alimentaires

Les animaux et les plantes qui vivent dans un même lieu sont liés entre eux par des **relations alimentaires** :
– les plantes sont mangées par des animaux végétariens ;
– les animaux végétariens sont mangés par des animaux carnivores ;
– des animaux carnivores peuvent être mangés par d'autres carnivores.

L'ensemble de ces liens constitue une **chaîne alimentaire**. Les **végétaux** sont à la base de toutes les chaînes alimentaires. À l'autre bout, on trouve toujours des **animaux prédateurs**. Si une espèce disparaît, toute la chaîne alimentaire est déséquilibrée.

L'adaptation au milieu

Les êtres vivants ne vivent pas n'importe où. **Chacun vit dans un milieu qui lui convient** : avec plus ou moins d'eau, plus ou moins de soleil, et surtout, de la nourriture.

Des plantes et des animaux **vivent dans tous les milieux**, même les plus hostiles : où il fait très froid, très chaud, très sec…

Qu'est-ce qui menace

Les animaux et les plantes sont menacés par les activités des hommes, qui polluent et détruisent leur milieu de vie.

Document 1 : Un oiseau victime d'une marée noire.
Les marées noires sont dues au rejet de pétrole dans la mer par des bateaux.
Le pétrole empoisonne les poissons, recouvre le plumage des oiseaux marins et les tue.

1. Qu'est-il arrivé à cet oiseau (Document 1) ?

2. Pourquoi est-il en danger de mort ?

Document 2 : Une tortue de mer.
Les tortues de mer se nourrissent de méduses. Souvent, elles les confondent avec des sacs en plastique. Elles peuvent alors mourir étouffées.

3. D'après toi, d'où vient ce sac en plastique (Document 2) ?

4. En quoi est-il une menace pour la tortue de mer ?

les êtres vivants ?

LE TIGRE DE SIBÉRIE :
UNE ESPÈCE MENACÉE

Il ne reste presque plus de tigres de Sibérie dans la nature. Il est menacé de disparition car il est chassé par des braconniers pour sa fourrure. De plus, la forêt, son milieu naturel, est détruite par l'homme.

Document 3

5. Pourquoi le tigre de Sibérie est-il une espèce menacée (Document 3) ?

6. En quoi l'homme est-il responsable de sa disparition ?

Document 4 :
La gentiane printanière.
La gentiane est une fleur de montagne qui pousse dans les Alpes.
Elle a été mise en danger à cause de sa cueillette.
Elle est aujourd'hui protégée.

7. Pourquoi cette fleur est-elle protégée (Document 4) ?

8. D'après toi, peut-on encore la cueillir dans les Alpes ?

Chaque jour, tu peux aider à préserver la nature et à éviter la pollution.

Document 1 : À l'entrée d'une réserve naturelle.

1. Explique ce qu'est une réserve naturelle.

2. Observe chaque logo : pourquoi ne dois-tu pas faire tout cela dans la réserve ?
En quoi ces gestes peuvent-ils menacer les plantes et les animaux qui vivent dans la réserve ?

pour préserver la nature ?

3. Quelles personnes abîment la nature ? Pourquoi ?

4. Que devraient faire ces personnes ?

5. Repère les personnes qui font les bons gestes pour protéger l'environnement.

6. Et toi, que pourrais-tu faire pour mieux protéger l'environnement ?

À la loupe... la protection

Document 1 : Le parc des Beaumonts à Montreuil.

Ce terrain n'a pas été entretenu par les jardiniers pendant longtemps. Les plantes sauvages se sont développées et ont attiré de nombreux petits animaux. Ce parc a permis de maintenir la biodiversité au cœur de la ville !

Document 2 :
Halte au massacre des baleines !

Certains pays, comme le Japon, autorisent encore la pêche à la baleine. Cela peut entraîner la disparition de cet animal.

Document 3 :
La disparition d'un animal.

Ce dauphin vivait dans un grand fleuve de Chine : le Yangzi Jiang. Il est considéré comme disparu depuis 2007. Sa disparition est due à la pollution du fleuve, à sa pêche accidentelle dans les filets de pêcheurs, et surtout à la construction d'un grand barrage qui a modifié son habitat.

Document 4 : L'amie du jardinier !
Le puceron est un petit insecte qui s'attaque à certaines plantes de nos jardins.
Au lieu d'utiliser des pesticides, les jardiniers peuvent se faire aider par des coccinelles !
En effet, une coccinelle mange plus de 100 pucerons par jour.
Elle est donc utile pour protéger les cultures.

1. Pourquoi la biodiversité s'est-elle développée dans le parc des Beaumonts (Document 1) ?

2. Pourquoi les baleines sont-elles toujours en danger aujourd'hui (Document 2) ?

3. Pour quelles raisons le dauphin de Chine a-t-il disparu (Document 3) ?

4. Pourquoi la coccinelle est-elle « l'amie du jardinier » (Document 4) ?

LEXIQUE

Parc naturel : région où la nature est protégée : les animaux ne peuvent pas y être chassés et il y est interdit de cueillir ou de détruire les plantes.

Pollué : quand la nature est abîmée par des substances toxiques, qui mettent en danger la vie des plantes et des animaux.

BLOC-NOTES

Des menaces sur les plantes et les animaux

De nombreuses plantes et animaux sont **en danger à cause des activités humaines** :
– les rivières et les océans sont **pollués** : marées noires, rejets de produits toxiques, déchets (notamment en plastique)... ;
– les milieux naturels disparaissent, comme la forêt où vit le tigre de Sibérie, ou la banquise de l'ours blanc...

Certains pays pêchent trop de poissons, d'autres continuent à chasser les baleines...

Protéger la nature

Pour préserver les êtres vivants, il faut protéger la nature.

Des **parcs** et des réserves **naturels** ont été créés un peu partout dans le monde pour protéger les espèces animales et végétales menacées.

Mais il faut faire attention à la nature partout, pas uniquement dans les parcs naturels. Ainsi, tu peux protéger les êtres vivants chaque fois que tu te promènes, par **des gestes simples** :
– jette toujours tes déchets dans une poubelle ;
– ne cueille pas les fleurs sauvages et n'abîme pas les arbres ;
– marche toujours dans les sentiers, pas dans l'herbe ou sur les dunes ;
– si tu retournes une pierre dans la forêt ou un galet au bord de la mer, repose-les exactement comme ils étaient : des petits animaux et des mousses vivent dessous.

Petit dictionnaire des plantes et des animaux

A

Accouplement : rencontre des corps du mâle et de la femelle pour faire des bébés.

B

Biodiversité : variété des êtres vivants : les animaux, les plantes et les champignons. La biodiversité est indispensable au fonctionnement de la nature.

C

Carnivore : animal qui mange de la viande. Parmi les carnivores, les insectivores mangent des insectes et les piscivores mangent des poissons.

E

Éclosion : sortie de l'œuf.

Environnement : ensemble des éléments qui sont autour d'un être vivant dans la nature : des animaux, des plantes, le sol et le climat (pluie ou sécheresse, froid ou chaleur, vent…).

F

Fleurir : la fleur qui s'ouvre.

Fruit : issu de la fleur, il contient des graines.

G

Germer : une graine germe lorsqu'une petite plante en sort.

Gestation : période pendant laquelle le bébé mammifère se développe dans le ventre de sa mère.

M

Mammifère : animal dont le petit est allaité par sa mère.

Métamorphose : chez certains animaux, transformation totale du corps pour passer à l'âge adulte.

Migration : déplacement en groupe d'une région à une autre.

O

Omnivore : animal qui mange à la fois de la viande et des plantes.

P

Parc naturel : région où la nature est protégée : les animaux ne peuvent pas y être chassés et il y est interdit de cueillir ou de détruire les plantes.

Pollué : quand la nature est abîmée par des substances toxiques, qui mettent en danger la vie des plantes et des animaux.

Prédateur : animal qui chasse pour manger d'autres animaux.

Proie : animal chassé et mangé par un autre.

S

Semer : mettre des graines sur un support (coton…) ou dans la terre pour qu'elles germent.

Se reproduire : chez les êtres vivants (animaux ou végétaux), donner naissance à un bébé ou à une nouvelle plante.

V

Végétarien : animal qui mange des plantes (herbes, feuilles, fruits, racines, algues…).